Charles Székely

Chant de cygne

Charles Székely

Chant de cygne

Trésor caché

Éditions Croix du Salut

Imprint

Cover image: www.ingimage.com

Publisher:
Éditions Croix du Salut
is a trademark of
Dodo Books Indian Ocean Ltd. and OmniScriptum S.R.L publishing group

120 High Road, East Finchley, London, N2 9ED, United Kingdom
Str. Armeneasca 28/1, office 1, Chisinau MD-2012, Republic of Moldova, Europe
Printed at: see last page
ISBN: 978-620-6-16772-3

Chant de cygne

par Charles Székely

Avant-propos

Ā un certain âge, le temps pèse toujours plus lourd sur la tente de l'esprit et de l'âme. L'homme commence à penser à l'au-delà, parce que le séjour sur cette planète devient impossible. Dieu est pressé de ses plans conformément auxquels un nombre précis de générations doivent se succéder sur la Terre, qui est une habitation passagère, en vue de la sélection de ceux qui aiment Dieu. Ceux-ci habiteront la Nouvelle Jérusalem, placée sur une nouvelle terre. (Apocalypse 21 :1-4)

Quant à moi, j'ai fait ma course, j'ai trouvé Dieu en Christ, et je l'ai servi sous la conduite du Saint Esprit, selon l'Évangile. Je suis persuadé que Dieu m'a élu pour être docteur dans son Église. (Ephèse 4 :11-25)

La preuve en est un assez grand nombre d'ouvrages parus en trois langues : roumain, français, hongrois, aux Éditions Cetate de Deva, Croix du Salut de Sarrebruck, Édilivre de Paris, et aux Éditions Universitaires Européennes de Strasbourg.

Ā l'âge de soixante-quinze ans près, il m'est venu l'idée de lancer un chant de cygne, motivé par de nouveaux sujets que je viens d'aborder les cinq derniers ans. En voilà quelques-uns : le nom de Dieu, la toute-puissance de Dieu, les signes certains de l'enlèvement de l'Église, ce qui empêche l'Antéchrist de faire son apparition, une chose tenue secrète dès la fondation du monde.

J'en suis sûr que certains de ces sujets soulèvent des contestations. Ā l'usage des experts qui s'efforcent d'identifier certaines doctrines, je recommande de méditer la solution que Christ avait donnée à ses adversaires : » Ma doctrine n'est pas à moi, mais à celui qui m'a envoyé. Si quelqu'un veut faire sa volonté, il connaîtra si ma doctrine est de Dieu, ou si je parle de mon propre chef. » (Jean 7 :16,17)

Ludus, le 3 juillet 2023 Charles Székely

La toute-puissance de Dieu

Notre Dieu est au Ciel, il fait tout ce qu'il veut. (Psaume 115 :3)

Lorsque Abraham fut âgé de quatre-vingt-dix-neuf ans, l'Éternel apparut à Abraham, et lui dit : Je suis le Dieu Tout Puissant. Marche devant ma face et sois intègre. (Genèse 17 :1)

Dieu dit à Moïse : Je suis celui qui suis. Et il ajouta : c'est ainsi que tu répondras aux enfants d'Israël : Celui qui s'appelle « Je suis » m'a envoyé vers vous. (Exode 3 :14)

Il y a un seul Seigneur, une seule foi, un seul baptême, un seul Dieu et Père de tous, qui est au-dessus de tous, et parmi tous et en tous. (Éphésiens 4 :5,6)

Quelqu'un se tiendrait-il dans un lieu caché, sans que je le voie ? dit l'Éternel. Ne remplis-je pas, moi, les cieux et la terre ? (Jérémie 23 :24)

Il a fait que tous les hommes, sortis d'un seul sang, habite sur toute la surface de la terre, ayant déterminé la durée du temps et les bornes de leur demeure, il a voulu qu'ils cherchent le Seigneur et qu'ils s'efforcent de le trouver en tâtonnant, bien qu'il ne soit loin de chacun, car en lui nous avons la vie, le mouvement et l'être. (Actes 17 :25-28)

Dès le début, on a une sorte de définition de la toute-puissance. Elle permet à celui qui en dispose de faire tout ce qu'il veut. L'intelligence pousse l'Éternel à faire des choses utiles, conformes à ses plans qui visent sa gloire.

Satan qui sème le trouble, méprisant le principe d'utilité, a inspiré à ses serviteurs une phrase qui nie la toute-puissance : » Si Dieu est tout-puissant, peut-il faire une telle pierre qu'il ne puisse soulever ? » S'il ne peut faire une telle pierre, alors il n'est point tout-puissant, argue-t-on. S'il peut faire une telle pierre, alors il n'est non plus tout-puissant, y ajoute-t-on.

Ces gens imposent à Dieu de faire quelque chose sans aucune utilité. Or, Dieu fait toute chose à dessein. Il a fait les planètes afin qu'elles gravitent autour du Soleil. Il a fait la Terre afin qu'elle soit une habitation pour les hommes. Il a fait le lac de feux, comme lieu de châtiments pour Satan et ses anges. (Matthieu 25 :41) Il mérite aussi le feu éternel celui qui impose à Dieu de choses manquant de sens.

Dieu n'a aucune joie dans les hommes qui le méprisent et le haïssent sans cause. Par contre, il se réjouissait à percevoir Abraham qui le cherchait. Dieu se révèle à ceux qui le cherchent. En abordant Abraham, l'Éternel se présentait : Je suis le Dieu Tout-Puissant. Marche devant ma face et sois intègre. Dieu s'y rapporte à la marche par la foi.

La manière dont Dieu s'est présenté à Moïse à aussi trait à sa toute-puissance. Répondant à la question expresse de son élu, l'Éternel lui dit : Je suis celui qui je suis. C'est ainsi que tu répondras aux enfants d'Israël : Celui qui s'appelle « Je suis » m'a envoyé vers vous. Cette expression se prononce « Yahweh », nom formel de Dieu parmi les hébreux. Il existe lui seul par lui-même. Les créatures n'existent pas par elles-mêmes. Elles existent par leur Créateur. Les créatures vivent en Dieu. Lorsque l'Éternel retire son Esprit de ses créatures, elles meurent. (Ecclésiaste 1 :1-9)

S'adressant aux Éphésiens, Paul précise que Dieu, notre Père à tous, est au-dessus de tous, et parmi tous, et en tous. Tous tirent leur origine de Dieu, tous se trouve au-dessous de lui, au milieu de lui, et en lui. Ces instructions m'empêchent d'adorer les membres de la Maison de Dieu, et de penser pouvoir m'isoler de Dieu.

Le prophète Jérémie détrompe ceux qui essaient de se cacher de Dieu. L'Éternel remplit tout l'Univers par son Esprit.

L'apôtre Paul révèle que Dieu est maître du temps et de l'espace, qu'il a mis à la disposition des peuples, issus d'un sel sang. Les hommes, répandus sur toute la Terre, s'efforcent de trouver Dieu, bien qu'il ne soit pas loin d'eux, car « en lui nous avons la vie, le mouvement et l'être ».

Celui qui donne la vie et la soutient ne peut être ni insensible, ni étranger, ni méchant envers les hommes. Au contraire, Il nourrit envers eux des sentiments paternels, à l'exceptions de ceux qui sont nés de semences spirituelles d'ivraie. (cf. Matthieu 13 :24-43) Ceux -ci haïssent Dieu et méprisent les

Saintes Écritures. L'un d'eux a été nommé démon par Christ. (Jean 6 :70-71)

Ā la fin, il convient de fournir quelques exemples de la toute-puissance de Dieu. Il fit passer son peuple par la Mer Rouge.

(Exode 14 :21-28) Au temps de Josué, Dieu fit tomber des pierres sur les ennemis du peuple.(Josué 10 :9-11) Du temps d'Élie, le prophète, Dieu ressuscita le fils de la veuve de Sarepta.(1Rois 17 :17-24)

Durand la vie humaine de Jésus, Dieu a ressuscité le fils de la veuve de Naïn. (Luc 7 :11-17) Par son Fils Jésus, Dieu a fait maintes guérisons et s'occupa d'exorcisme. Dieu ressuscita son Fils en corps céleste. (Luc 14 :36-43)

La toute-puissance de Dieu ne se manifeste seulement pas par des miracles, qu'on ne peut pas nier. Elle est présente dans tout acte de la providence divine. Dieu fournit l'air, l'eau et la chaleur nécessaires à la vie. Il multiplie les familles, fait croître l'herbe, maintient l'équilibre dans la nature.

Toutes choses sont sous le contrôle du Tout-Puissant, les matérielles et les spirituelles. La chute adamique a été prévue dans ses plans, le sacrifice de Jésus, de même. (Actes 4 :26-28)

Pour celui qui croit à la toute-puissance de Dieu, il n'y a point de hasard. Tout a été réglé d'avance, et Dieu veille à ce que ses plans s'accomplissent. La toute-puissance est le motif qui pousse les croyants à remercier Dieu pour toute chose, selon ce qui est écrit : » rendez continuellement grâce à Dieu le Père pour toutes choses, au nom de notre Seigneur Jésus Christ. » (Ephésiens 5 :20) L'expression « toutes choses » comprend aussi les maladies, les accidents et les décès.

En conclusion, on cite un verset fondé sur le concept de toute-puissance : « Nous savons du reste que toutes choses concourent au bien de ceux qui aiment Dieu, de ceux qui sont appelés selon son dessein. » (Romains 8 :28)

Ludus, le premier juillet 2023 Charles Székely

L'homme composé d'esprit, d'âme et de corps

Versets de base

Que le Dieu de Paix vous sanctifie lui-même tout entiers, et tout votre être, l'esprit, l'âme et le corps, soit conservé irréprochable, lors de l'avènement de notre Seigneur Jésus-Christ. Celui qui vous a appelé est fidèle, et c'est lui qui le fera. (1 Thessaloniciens 5 : 23,24)

Car la parole de Dieu est vivante et efficace, plus tranchante qu'une épée quelconque à deux tranchants, pénérante jusqu'à partager âme et esprit, jointures et moelles, elle juge les sentiments et les pensées du coeur. (Hébreux 4 :12)

L'Éternel Dieu forma l'homme de la poussière de la terre, et souffla dans ses narines un souffle de vie et l'homme devint une âme vivante. (Genèse 2 :7)

Comme le corps sans esprit est mort, de même la foi sans les oeuvres est morte. (Jacques 2 :26)

Et moi, je fais venir le déluge d'eaux sur la terre pour détruire toute chair ayant souffle de vie sous le ciel : tout ce qui est sur la terre périra. (Genèse 6 :17)

Je mettrai mes lois dans leur esprit, je les écrirai dans leur coeur : et je serai leur Dieu, et ils seront mon peuple. (Hébreux 8 :10)

S'engager à éclaircir ce sujet est l'une des entreprises les plus difficiles. L'esprit est d'une abstraction bouleversante. Christ le compare au vent : » Le vent souffle où il veut, et tu en entends le bruit, mais tu ne sais d'où il vient, ni où il va. Il en est ainsi de tout homme qui est né de l'Esprit. » (Jean 3 :8)

Quand ce terme commence par une minuscule, il désigne l'esprit de l'homme ou bien un individu invisible du royaume céleste qu'on nomme communément « ange » ,lorsqu'il est envoyé en mission sur la terre. (Hébreux 1 :13,14)

Quand il commence par une majuscule, ce terme désigne l'Esprit de Dieu, la troisième personne de la Sainte Trinité. Quant au Créateur, Jésus révèle : » Dieu est Esprit, et il faut que ceux qui l'adorent l'adorent en esprit et en vérité. » (Jean 4 :24)

Dans le Royaume de Dieu tout est spirituel, il n'y a rien de matériel. Aussi la découverte suivante de Jésus est-elle mémorable : « C'est l'Esprit qui vivifie, la chair ne sert à rien. Les paroles que je vous ai dites sont Esprit et vie. » (Jean 6 :63)

Paul envisage l'homme comme un alliage de deux sphères spirituelles et d'une sphère matérielle. L'esprit de vie s'est allié à la terre rouge (Adam), le dotant d'âme. L'esprit communique avec le monde des esprits, l'âme communique avec le monde environnant. Le corps est la maison de l'esprit et de l'âme. Cette Trinité est fonctionnelle selon la volonté de Dieu.

Paul bénit les Thessaloniciens, en disant : Que le Dieu de Paix vous sanctifie lui-même tout entiers, et que tout votre être, l'esprit, l'âme et le corps, soit conservé irréprochable, lors de l'avènement de notre Seigneur Jésus-Christ. C'est une bénédiction harmonieuse, qui s'étend également sur l'esprit, sur l'âme et sur le corps. Dieu désire sauver toute la trinité humaine. Ce corps mortel va être englouti par un corps immortel. (2Corinthiens 5 :4)

Ce qui est difficile pour les experts, c'est de distinguer les deux sphères spirituelles de l'homme. Ce qui est difficile à l'homme est facile à la Parole de Dieu, laquelle est un être vivant, partageant l'âme et l'esprit, jugeant les sentiments et les pensées du public.

La trinité humaine paraît aussi évidente dans la description de a création de l'homme. L'Éternel Dieu prit de la poussière et en forma une statue à sa ressemblance. Après il souffla dans ses narines un souffle de vie. Ce souffle de vie, c'est l'Esprit de Dieu. Et l'homme devint une âme vivante. La tradition chrétienne nomme tout homme « âme ». L'expression « âme vivante » signifie ici un être vivant, parce qu'auparavant la statue n'avait pas la vie.

Jacques, en accord avec la Genèse, met en évidence que l'esprit donne la vie au corps. Si l'esprit quitte le corps, le corps perd sa vie. De même perd la vie la foi qui n'est pas mise en pratique.

Comme les créatures ont corrompu leur voies, Dieu décida d'anéantir par un déluge toute chair ayant un esprit de vie. Tout ce qui était sur la terre a été détruit. Le déluge a fait sortir l'esprit de vie de leurs corps.

Auprès de l'esprit de vie, l'Éternel peut mettre aussi d'autres esprit dans le corps humain. Si c'est un esprit de sagesse, de fidélité, de bonté, d'humilité et de crainte de Dieu, le corps en est béni. Mais, si c'est un esprit de haine, de rébellion, d'orgueil, de cupidité, de mensonge et de perversion, le corps en est maudit.

Toute activité utile se doit à un esprit dont Dieu dote les hommes. (Exode 35 :30) Mais Dieu peut mettre aussi dans le corps des humains des esprits qui causent leur perte. (Ésaïe 37 :5-7)

Parlant de la Nouvelle Alliance, Dieu révèle que ceux qui y participent reçoivent dans leur esprit (dont le siège est dans le coeur) les lois de l'Éternel pour devenir son peuple.

Jacques reprend cette idée dans le premier chapitre de son livre. « Mais celui qui aura plongé les regards dans la loi parfaite, la loi de la liberté, et qui aura persévéré, n'étant point un auditeur oublieux, mais se mettant à l'oeuvre, celui-là sera heureuse dans son activité. » (Jacques 1 :25)

Une loi écrite sur des dalles de pierre asservit, étant en dehors de l'homme, mais la loi qui habite dans le coeur affranchit.

Le chrétien est prédestiné à être conduit par l'esprit dans lequel trouve la Loi de Christ. En écoutant cette loi, il est heureux. Ce qui l'y aide, c'est le portement de croix. La croix s'applique à l'homme charnel qui s'oppose à l'Esprit. (Galates 5 :17)

L'esprit s'occupe des hoses d'en Haut, tandis que l'âme s'occupe des choses d'en Bas. C'est pourquoi l'âme doit obéir à l'esprit en vue de la sanctification. Ā la fin de la route, lorsque l'esprit quitte le corps, il prend avec lui tout ce qu'il a enregistré dans l'âme. L'esprit et l'âme retournent à Dieu, le corps y va plus tard, à l'enlèvement de l'Église. (1Thessaloniciens 4 :13-18)

Ludus, le 29 juin 2023 Charles Székely

Zachée, un fils d'Abraham

Passage de base

Jésus, étant entré dans Jéricho, traversait la ville. Et voici un homme riche, appelé Zachée, chef des publicains, cherchait à voir qui était Jésus, mais il ne pouvait pas y parvenir à cause de la foule, car il était de petite taille. Il courut en avant et monta sur un sycomore pour le voir, parce qu'il devait passer par là. Lorsque Jésus fut arrivé à cet endroit, il leva les yeux et il dit : Zachée, hâte-toi de descendre, car il faut que je demeure aujourd'hui dans ta maison. Zachée se hâta de descendre, et le reçut avec joie.

Voyant cela, tous murmuraient, et disaient : il est allé loger chez un homme pécheur. Mais Zachée, se tenant devant le Seigneur, lui dit : Voici, Seigneur, je donne aux pauvres la moitié de mes biens, et si j'ai fait tort de quelque chose à quelqu'un, je lui rends le quadruple. Jésus lui dit : le salut est entré aujourd'hui dans cette maison, parce que celui-ci est aussi un fils d'Abraham. Car le Fils de l'homme est venu chercher et sauver ce qui était perdu. (Luc 19 :1-10)

Dans ce récit, l'attention du Saint Esprit, auteur des Écritures se dirige vers un publicain portant le nom de Zachée. Le motif en est le fait que celui-ci est un enfant d'Abraham, enfant perdu dans le péché. Christ est venu chercher et sauver ce qui était perdu.

On ne cherche jamais des choses manquant de valeur. Ce personnage au nom de Zachée eut de la valeur aux yeux de Dieu.

Ayant ouï de Jésus de Nazareth, ce publicain de Jéricho se proposa de le rencontrer sans retard. C'était l'un de ses traits caractéristiques, l'intérêt pour l'envoyé du Ciel, lequel opéra des signes et des miracles. Le Père l'attira vers le Fils. (Jean6 :44)

En dehors du désir de voir Jésus, Zachée avait aussi la volonté de le voir, qui le mit en mouvement. Il monta sur un sycomore, situé sur la route de Jésus. Le Seigneur le remarqua et l'appela car il devait, ce jour-là, entrer dans sa maison.

Même si la foule murmurait du choix que le Seigneur fit, Zachée ne s'en troubla pas. Dans sa joie d'accueillir le prophète, il promit de donner la moitié de ses bien aux pauvres et donner le quadruple à ceux qu'il avait fraudés. Cette joie magnanime et cette sincérité caractérisent aussi les enfants d'Abraham.

Ces choses, et encore d'autres que le Seigneur seul savait, le persuadèrent qu'il avait affaire à un fils d'Abraham. Selon Christ, les fils d'Abraham font les oeuvres de leur père. (Jean8 :39) Christ n'est point venu pour sauver les fils du Diable. (Jean8 :44)

Ludus,le 30 juin 2023 Charles Székely

Ce qui empêche l'apparition de l Antéchrist

Texte de base

Pour ce qui concerne l'avènement de notre Seigneur Jésus-Christ et notre réunion avec lui, nous vous prions, frères, de ne pas vous laisser facilement ébranler dans votre bon sens et de ne pas vous laisser troubler, soit par quelque inspiration, soit par une parole, ou par une lettre qui semblerait venir de nous, comme si le jour du Seigneur était déjà là. Que personne ne vous séduise d'aucune manière, car il faut que l'apostasie soit arrivée auparavant et qu on ait vu paraître l' homme impie , le fils de la perdition, l'adversaire qui s'élève au-dessus de tout ce qu'on appelle Dieu ou de ce qu'on adore. Il va jusqu' à s'asseoir dans le temple de Dieu, se proclamant lui-même Dieu. Ne vous souvenez-vous pas que je vous disais ces choses, lorsque j'étais encore chez vous? Et maintenant vous savez ce qui le retient, afin qu'il ne paraisse qu'en son temps. Car le mystère de l'iniquité agit déjà. Il faut seulement que celui qui le retient encore ait disparu. Et alors paraîtra l'impie que le Seigneur Jésus détruira par le souffle de sa bouche et qu il écrasera par l éclat de son avènement. (Deux Thessaloniciens, chapitre deux, du verset un jusqu'au huit.

Dans ce passage, Paul avertit son public de se garder des fausses nouvelles concernant notre réunion avec Christ. Et il énumère quelques signes qui précèdent cet événement

:l'apostasie générale, l' avẽnement de l'homme inique et son instauration dans le temple de Jérusalem.

Il s y agit du Fauve venant de la mer, décrit en Apocalypse, chapitre treize. Le faux prophète opère des miracles devant lui et détermine les masses à se confier dans le Fauve et à accepter son signe sur le front ou sur la main droite. C'est là le moment de la grande apostasie où l' on rejette publiquement Jésus comme Seigneur et Sauveur.

Les gens de foi qui résistent au Fauve seront jetés hors de la loi, maltraités, pillés de toutes leurs propriétés. Mais Christ vient et les ravit de cet état d'asservissement.

Ce qui éclaircit l'obstacle de l avẽnement de l Antéchrist, ce sont les noms symboliques qu'il porte : homme impie, fils de perdition, étant à la base du mystère de l'iniquité. Or, l 'iniquité, c est la transgression de la Loi, Parole de Dieu. Antéchrist se presse à éliminer la Bible de la vie sociale et toutes les lois et instructions qui en découlent. On ne punit plus les malfaiteurs de détention à la prison ; ils purgent leurs péchés à domicile. Les lois d'origine divine sont remplacées par des lois d'origine diabolique. Pensons seulement à la légalisation du sodomisme. Les pervers sont sous la protection de la loi : Il est interdit de leur faire des remonstrances. Le manque de loi divine et l'abondance de lois diabolique permet ,l'apparition de l' Antéchrist sur la scène du monde, dans son milieu préféré.

Ludus, le deux mai, deux mille vingt-trois, Charles Székely

La création de l'homme

Versets de base

1. L'Eternel Dieu forma l'homme de la poussière de la terre, il souffla dans ses narines un souffle de vie et l'homme devint une âme vivante. (Genèse 2: 7)

2. L'Eternel Dieu prit l'homme et le plaça dans le jardin d'Eden pour le cultiver et le garder. L'Eternel donna cet ordre à l'homme : Tu pourras manger de tous les arbres du jardin, mais tu ne mangeras pas de l'arbre de la connaissance du bien et du mal, car, le jour où tu en mangeras, tu mourras certainement. (Genèse 2 :15-17)

3. Alors l'Eternel Dieu fit tomber un profond sommeil sur l'homme, qui s'endormit ; il prit une de ses côtes et referma la chair à sa place. L'Eternel Dieu forma une femme de la côte qu'il avait prise de l'homme, et il l'amena vers l'homme. Et l'homme dit : Voici cette fois celle qui est os de mes os et chair de ma chair. On l'appellera femme, parce qu'elle a été prise de l'homme. C'est pourquoi l'homme quittera son père et sa mère, et s'attachera à sa femme et ils deviendront une seule chair. (Genèse 2 :21-34)

Les origines de l'homme forment, de nos jours, un sujet qui soulève pas mal de controverses. Les uns sont d'avis que les hommes sont venus sur la terre d'une autre galaxie. Les autres disent que l'homme est apparu sur la terre suite à une longue évolution biologique. Encore d'autres soutiennent que l'homme a été créé sur la terre par l'Eternel Dieu qui lui assure aussi un milieu favorable à sa vie. La théorie créationniste a ses fondements dans les Saintes Ecritures.

Il est plus logique de soutenir que l'homme, être rationnel, provient d'une source rationnelle que d'une source manquant de ration. Il est normal que celui qui crée un être qui pense crée aussi un milieu favorable à sa vie. L'atmosphère, l'abondance d'eau, une température adéquate, le monde animal et l'herbage riche prouvent l'existence d'un Créateur intelligent. De plus, les biologues et les médecins s'étonnent de la complexité et du fonctionnement merveilleux du corps et de l'âme humaine.

Tout cela se doit à un Créateur omniscient. L'Eternel Dieu prit de la terre rouge et en fit une statue à sa propre ressemblance. Ensuite, il souffla dans ses narines un esprit de vie, et Adam devint une âme vivante. C'est à dire, la terre rouge devint un homme.

Une seule interdiction a été imposée à l'homme dans le jardin d'Eden, celle de ne pas manger de l'arbre de la connaissance du bien et du mal, sous la menace de mourir. Tenté par ses propres convoitises et par l'astuce du Serpent, le premier couple humain tombe en péché, qui est la transgression de l'ordre divin. (Genèse, chap.3)

Avant la chute adamique, Dieu crée pour Adam une aide semblable à lui. Ayant fait tomber sur Adam un profond sommeil, l'Eternel prit l'une de ses côtes et en forma une femme, que l'homme reconnut comme os de ses os et chair de sa chair. Adam lui donna le nom d'Ève, vie ou bien mère de tous les hommes.

La conclusion de la description ci-dessus est lourde de significations : » C'est pourquoi l'homme quittera son père et sa mère, et s'attachera à sa femme, et ils deviendront une seule chair. » Elle interdit l'hostilité dans la famille. Elle exclut le divorce. L'unité d'entre l'époux et l'épouse a le mieux été rendue par l'apôtre Paul : « C'est ainsi que le mari doit aimer sa femme comme son propre corps. Celui qui aime sa femme s'aime lui-même ». On peut y ajouter sans aucun risque de faillir : Celui qui hait sa femme se hait lui-même.

En voici quelques avantages que de la théorie créationniste sur l'origine de l'homme apporte à la société humaine. Elle élimine la querelle et le divorce dans la famille. Elle promeut l'amitié et la fraternité entre tous les descendants d'Adam. Elle repousse l'hostilité et le meurtre.

Parmi les recommandations que l'Eternel fit à Noé et à ses fils après le déluge se retrouvent les suivantes : « Sachez-le aussi, je redemanderai le sang de vos âmes, je le redemanderai à tout animal ; et je redemanderai l'âme de l'homme à l'homme, à l'homme qui est son frère. Si quelqu'un verse le sang de l'homme, par l'homme son sang sera versé, car Dieu a fait l'homme à son image. (Genèse 9 :5-6) Tout ce qu'on fait à son semblable, en bien ou en mal, concerne Dieu, qui fait justice.

La théorie de Darwin sur l'origine de l'homme convient aux malfaiteurs et aux meurtriers, parce qu'il fait descendre l'homme du singe. Si l'homme est animal, alors il peut se permettre des comportements ingrats, féroces et perverses. Ces comportements pullulent dans la société d'aujourd'hui.

Ludus, le 7 juin 2023 Charles Székely

La foi d'Abraham

Versets de base

C'est pourquoi les héritiers le sont par la foi pour que ce soit par la grâce, afin que la promesse soit assurée à toute la postérité, non seulement à celle qui est sous la loi, mais aussi à celle qui a la foi d'Abraham, notre père à tous, selon qu'il est écrit : Je t'ai établi père d 'un grand nombre de nations. Il est notre père devant celui auquel il a cru, Dieu, qui donne la vie aux morts, et qui appelle les choses qui ne sont point, comme si elles étaient. Espérant contre toute espérance, il crut et devint aussi le père d'un grand nombre de nations, selon ce qui lui avait été dit : telle sera ta postérité. Et sans faiblir dans la foi, il ne considéra point que son corps était déjà usé, puisqu'il avait près de cent ans, et Sarah n'était point en état d'avoir des enfants. Il ne douta point par incrédulité au sujet de la promesse de Dieu ; mais il fut fortifié par la foi, donnant grâce à Dieu, et ayant la pleine conviction que ce qu'il promet il peut aussi accomplir. C'est pourquoi cela lui fut imputé à justice. Mais ce n'est pas à cause de lui seul qu'il est écrit que cela lui fut imputé, c'est encore à cause de nous, à qui cela sera imputé, à nous qui croyons en celui qui a ressuscité des morts Jésus notre Seigneur, qui a été livré pour nos offenses, et ressuscité pour notre justification. (Romains 4 :16-25)

Il est très instructif de conférer sur la foi d'Abraham, car c'est la foi qui a été donnée » une fois pour toutes » aux saints. . Or la foi c'est un esprit. (cf. 2Corinthiens 4 :13) Par conséquent, les enfants d'Abraham ont le même esprit que lui.

En querelle avec certains Juifs, Jésus leur dit : » Si vous étiez enfants d'Abraham, vous feriez les oeuvres d'Abraham. » (Jean 8 :39) Les comportements portent donc le sceau de l'esprit qui habite en nous. On reconnaît les enfants d'Abraham à leur manière de vivre, car l'esprit d'Abraham a été répandu sur tous les peuples.

Notre attitude envers Dieu dépend de l'esprit que nous avons hérité de nos parents charnels. D'un côté, l'esprit d'Abraham imprime à l'homme la crainte de Dieu, concrétisé en actes d'obéissance envers la Parole divine. D'autre côté, cet esprit pousse à croire à la résurrection des morts.

Dieu a promis à Abraham un enfant en dépit de l'âge avancé de son serviteur. Cela n'a point empêche ce serviteur fidèle d'accorder foi à cette promesse. Cette attitude lui a été imputée à justice.

Quant à nous, ses enfants spirituels, notre confiance dans la résurrection de Christ nous est imputée à justice. L'homme naît en péché, souillé du péché originaire. Il ne peut être justifié que par le sang de Jésus. Sa justification commence au moment où il exprime sa foi, venant du coeur, en la résurrection de Christ, foi qu'on confesse dans l'eau du baptême. (Romains 10 :9,10 ; Marc 16 :16)

En conclusion, les enfants d'Abraham craignent Dieu, ils obéissent à sa Parole, ne doute pas des promesses divines, ils sont partisans de la résurrection des morts et croient à la résurrection de Christ.

Ludus, le 24 juin 2023 Charles Székely

La Lettre qui tue et l'Esprit qui vivifie

Versets de base

Vous êtes manifestement une lettre de Christ, écrite par notre ministère, non avec de l'encre, mais avec l'Esprit du Dieu vivant, non sur des tables de pierre, mais sur des tables de chair, sur les coeurs. Cette assurance-là nous l'avons par Christ, auprès de Dieu. Ce n'est pas à dire que nous soyons par nous-mêmes capables de concevoir quelque chose comme venant de nous-mêmes. Notre capacité au contraire vient de Dieu. Il nous a rendus aussi capables d'être ministres d'une nouvelle alliance, non de la lettre, mais de l'Esprit : car la lettre tue ; mais l'Esprit vivifie. (2 Corinthiens 3 :3-6)

C'est un sujet compliqué puisque les livres de Ancien Testament aussi bien que les livres de la Nouvelle Alliance comportent des lettres. Ce qui les distingue, spirituellement parlent, c'est que les paroles de l'Evangile transmettent la vie de Christ. Ā l'appui la suivante insertion de Paul : Est-ce que par les oeuvres de la loi que vous avez reçu l'Esprit ou par la prédication de la foi ? (Galates 3 :2) S'il avait été donné une loi qui puisse procurer la vie, la justice viendrait réellement de la loi. On en conclut que la loi n'est point porteuse de vie éternelle, tandis que la foi l'est. (cf. Jean 6 : 63) Or ,la source

de la foi, c'est l'Evangile.(2 Romains 10 :17) Les paroles de l'Evangile se prononcent afin de devenir vie pour le public.

Qui plus est, la loi est porteuse de malédiction, car elle maudit ceux qui la transgressent. Celui qui transgresse un seul ordre est sensé transgresser toute la loi. (Jacques 2 :10)

Paul envisage les croyants de Corinthe comme des lettres écrites à l'Esprit de Dieu. Le message que portent ces disciples n'est point incrusté sur des dalles de pierre, mais sur la chair du coeur, où habite l'Esprit. Dès le moment où l'Esprit s'est installé dans nos coeurs, nous réalisons des choses conçues par Dieu. Ce n'est point le croyant qui agit, mais Christ qui habite en lui. Le Seigneur assura ces disciples que ceux qui croient en lui feront des choses plus grandes que Lui. (Jean 14 :12-14) Or, l'Esprit de foi en Christ a trait à la résurrection de Jésus d'entre les morts.

Dans l'Ancienne Alliance on n'annonce point la résurrection de Jésus-Christ. C'est la nouvelle alliance qui s'en occupe. Les chrétiens sont ministres de la Nouvelle Alliance, ils n'ont point à faire à l'Ancienne Alliance.

Le peuple juif a été asservi à la Loi de Moïse, mais après la descente et le sacrifice de l'Agneau céleste, les élus de Dieu sont sous la grâce qui agit par la foi. C'est un non-sens que de soutenir que les peuples attachés à Christ doivent respecter les commandements de Moïse.

L'apôtre Paul enseigne que les Juifs-mêmes sont délivrés de la loi. « Ainsi la loi était comme un précepteur pour nous conduire à Christ, afin que nous soyons justifiés par la foi. La foi étant venue, nous ne sommes plus sous ce précepteur. Car vous êtes tous fils de Dieu par la foi en Jésus-Christ. » (Galates 3 :24-26) D'où donc cette phobie de rejeter certains aliments et de respecter le Sabbat ? Une alliance se fait selon le livre de l'alliance. Dans l'Evangile on ne trouve un sel verset qui exhorte à respecter ces choses-là.

Lorsque l'apôtre met en garde à l'égard de la lettre qui tue, il a en vue le décalogue, lettres qui ont été incrustées sur deux dalles de pierre. Les commandements qui apportent la malédiction tuent ceux qui s'en occupe. Personne ne peut les tenir.

Par contre, les chrétiens peuvent tenir la loi de Christ qui se repend et s'accomplit par l'Esprit de Dieu. « Portez les fardeaux les uns, des autres, et vous accomplirez ainsi la loi de Christ. » (Galate 6 :2) Paul déclare même d'être sous la loi de Christ. (1Corinthiens 9 :21) Cette loi donne la vie à quiconque se fie au sacrifice et à la résurrection de Christ.

Ludus, le 25 juin 2023 Charles Székely

La paix et la sanctification

Versets de base

Recherchez la paix et la sanctification, sans laquelle personne ne verra le Seigneur. (Hébreux 12 :14)

Car Dieu était en Christ, réconciliant le monde avec lui-même, en n'imputant pas aux hommes leurs offenses, et il a mis en nous la parole de la réconciliation. (2 Corinthiens 5 :19)

S'il est possible, autant que cela dépend de vous, soyez en paix avec tout le monde. (Romains 12 :18)

Je vous laisse la paix, je vous donne ma paix. Je ne vous donne pas comme le monde donne. Que votre coeur ne se trouble point et ne s'alarme point. (Jean 14 :27)

Ne vous inquiétez de rien ; mais en toute chose, faites connaitre vos besoins à Dieu par des prières et des supplications, avec des actions de grâce. Et la paix de Dieu, qui surpasse toute intelligence, gardera vos coeurs et vos pensées en Jésus-Christ. (Philippiens 4 :6,7)

Ayant donc de telles promesses, bien-aimés, purifions-nous de toute souillure de la chair et de l'esprit, en achevant notre sanctification dans la crainte de Dieu. (2 Corinthiens 7 :1)

Comme l'homme cherchant Dieu a à parcourir les étapes de la marche avec le Seigneur, au commencement de chaque étape, il doit accomplir des conditions exclusives. Premièrement, il doit se repentir et mettre sa confiance en Christ, secondement, il doit faire alliance dans l'eau avec la Sainte Trinité pour entrer dans la Maison de l'Eternel, troisièmement, il doit mettre en pratique les instructions contenues dans l'Evangile de Paix.

Nous allons, de ce pas, traiter les instructions concernant la marche dans la paix et dans la sainteté. La paix est l'un des traits principaux du Royaume des Cieux. Dans une de ses prophéties sur Christ, Ésaïe le nomme « Admirable, Conseiller, Dieu puissant, Père éternel, Prince de la Paix. » (Ésaïe 9:5) La paix caractérise le royaume de Dieu, tandis que le trouble caractérise le royaume de Satan. Le royaume de Dieu est descendu sur la Terre en Christ comme ambassadeur.

Suite à la révolte du tiers des anges, le bon ordre de l'Univers a culbuté. Suite à la chute adamique, le désordre a pénétré la société humaine. Christ est venu sur la Terre pour y rétablir l'ordre et ka paix.

Le désordre entraîne la querelle et le péché, transgression du commandement divin. Le sang de Christ anéantit le péché dans la vie des croyants et les réconcilie avec Dieu. Aussi longtemps que le croyant vit sur cette terre, il peut être souillé de péchés. En conséquent, la sanctification s'impose. Dans les

circonstances terrestres, où Satan est dieu, Il nous faut donc mener une vie de paix et de sanctification.

Afin de rétablir la paix entre les humains et leur Créateur, le Fils de Dieu accepta d'être sacrifié sur une croix. Comme le Père et le Fils sont un dans leur Esprit, au moment du sacrifice, le Père était dans le Fils, réconciliant le monde avec lui-même. Cela a apaisé le courroux du Créateur envers les hommes qui se fient en son Fils.

Il est naturel que ceux qui bénéficient de pardon pardonne à leur tours les offenses d'autrui. Aussi les chrétiens cherchent-ils la paix et courent après. A propos, l'apôtre enseigne : « que le soleil ne se couche pas sur votre colère, et ne donnez pas accès au diable. » (Ephésiens 426,27)

La colère est un état de trouble qui fait dire et accomplir de choses regrettables. Afin de les éviter, le Seigneur fournit sa paix a ses disciples. Cette paix préserver l'âme de trouble et d'alarme.

Autant qu'on est en chair, on s'inquiète et se trouble quand-même. Jésus nous donne la clé d'en échapper. La paix de Dieu gardera nos coeurs et nos pensées, si nous faisons connaitre nos besoins à Dieu par des prières et des supplications, avec des actions de grâce.

L'apôtre définit la sanctification comme la purification de notre esprit et chair de toute souillure. Après la repentance, la confession de foi et le baptême, le chrétien peut se souiller, par mégard, de différents péchés : il transgresse un ordre de Jésus, ou bien il omet de mettre en pratique une instruction du Seigneur. L'apôtre Jean instruit, dans sa première épître, chapitre 1, verset 9, que, dans ces cas, il nous faut confesser nos péchés à Christ. « Il est fidèle et juste pour nous les pardonner et de nous purifier de toute iniquité ».

Le chrétien peut se maintenir pur, sans aucune souillure, en portant journellement sa croix. A l'exception d'une seule étude, parue sur le You-tube, on ne trouve aucun enseignement véridique sur » le portement de croix christique ». Il est apparu sur la chaîne For Gad tv.

Ludus, le 2 juin 2023 Carol Szekely

La parabole des talents

Verset de base

Car on donnera à celui qui a, et il sera dans l'abondance, mais à celui qui n'a pas on ôtera même ce qu'il a. (Matthieu 25 :29)

Cette parabole se retrouve dans le chapitre 25 de l'Évangile selon Matthieu. Un homme partant en voyage appelle ses serviteurs et leur remet ses biens. Il donna cinq talents à l'un, deux à l'autre et un au troisième, afin qu'ils les fassent valoir.

Longtemps après, le maître de ses serviteurs revint et leur fit rendre compte. Celui qui avait reçu les cinq talents lui apporta cinq autres talents. Celui qui avait reçu deux talents lui apporta deux autres talents. Le maître les félicita ,à tour de rôle, disant : »c'est bien , bon et fidèle serviteur ; tu as été fidèle en peu de chose, je te confierai beaucoup, entre dans la joie de ton maître. »

Celui qui n'avait reçu qu'un seul talent lui apporta ce talent-là. Son maître le prit en grippe : « Serviteur méchant et paresseux, il te fallait remettre mon argent aux banquiers, et à mon retour, j'aurais retiré ce qui est à moi avec intérêt. » Le maître ordonna qu'on ôte le talent au serviteur paresseux et qu'on le donne à celui qui avait gagné cinq talents. Il a enjoint aussi qu'on jette le serviteur inutile dans les ténèbres du dehors.

Faisant justice, le maître lance un principe du Royaume : Car on donnera à celui qui a, et il sera en abondance, mais à celui qui n'a pas on ôtera même ce qu'il a.

Il convient d'expliquer les éléments de ce récit symbolique. Le maître qui part en voyage et partage ses bien entre ses serviteurs, c'est Jésus Christ. Jésus est parti pour le Ciel pour une longue période. Son bien qu'il répartit entre ses disciples, c'est l'esprit de foi en son Nom. La foi est la seule monnaie qui ait cours sur la terre et dans les Cieux. On en peut obtenir n'importe quoi. (Marc 9 :23)

Faire valoir son talent, c'est en user de jour en jour, mettre en pratique les principes de l'Évangile. Ceux qui avaient cinq talents vivaient selon les instructions de Christ. Celui qui n'en avait qu'un en faisait à sa tête. La foi des premiers augmentait, tandis que la foi du dernier diminuait.

Le Seigneur a pris plaisir à rencontrer les premiers et il fut rempli de courroux à la vue du dernier. Ā son retour, il donna une récompense aux laborieux et il punit le serviteur paresseux. On lui ôta son talent et l'on le jeta dans les ténèbres du dehors, où il y a des pleurs et du grincement de dents.

Il nous reste encore à expliquer le verset de base de ce récit. Qui a de la foi ? Celui qui en use. Qui n'en a pas ? Celui qui n'en use pas. La peur des hommes peut empêcher le chrétien de parler de Christ et de vivre selon les instructions de Christ.

« On donnera à celui qui a » veut dire que Dieu donnera plus de foi à celui qui met en application les instructions de l'Évangile. « Mais à celui qui n'en a pas on ôtera même ce qu'il a » veut dire que Dieu va faire disparaître la foi de celui qui n'en use pas.

Ludus, le 27 juin 2023 Charles Székely

La parabole du semeur

Texte de base

Un semeur sortit pour semer. Comme il semait, une partie de la semence tomba le long du chemin. Les oiseaux vinrent, et la mangèrent. Une autre partie tomba dans des endroits pierreux, où elle n'avait pas beaucoup de terre ; elle leva aussitôt, parce qu'elle ne trouva pas un sol profond ; mais quand le soleil parut, elle fut brûlée et sécha, faute de racines. Une autre partie tomba parmi les épines : les épines montèrent et l'étouffèrent. Une autre partie tomba dans la bonne terre : elle donna du fruit, un grain cent, un grain soixante, un autre trente. Que celui qui a des oreilles pour entendre entende. (Matthieu 13 :4-9)

Les paraboles constituent un moyen énigmatique pour présenter de différents aspects du Royaume des Cieux. Un jour les disciples posèrent cette question au Seigneur qui parlait à la foule : » Pourquoi leur parles-tu en paraboles ? » Jésus leur répondit : « Parce qu'il vous a été donné de connaître les mystères du Royaume des Cieux, et que cela ne leur a pas été donné. Car on donnera à celui qui a, et il sera dans l'abondance, mais à celui qui n'a pas, on ôtera même ce qu'il a. C'est pourquoi je leur parle en paraboles, parce qu'en

voyant ils ne voient pas, et qu'en entendant ils n'entendent ni ne comprennent. » (Matthieu 13 :10-13)

Il en découle que le langage des paraboles n'est point compréhensible à tout le monde. Les élus le comprennent, mais ceux qui n'ont pas part à l'élection divine ne le comprennent pas. Le Seigneur a choisi ses disciples tant qu'il était en chair humaine. (Jean 6 :70) Mais les générations de disciples se succèdent sur la Terre depuis deux mille ans. (Jean17 :20,21) Le Seigneur dans sa gloire continue donc de les choisir selon le plan divin. Ceux qui croient en Christ et sont baptisés sur leur témoignage deviennent disciples. (Matthieu 28 :18-20).

Dans cette parabole, le semeur, c'est Jésus qui sème dans les coeurs humains la Parole de l'Evangile. Il y a quatre types de coeurs. Le long du chemin représente les coeurs endurcis, hostiles à la Parole. Le malin vient et enlève ce qui a été semé dans le coeur.

L'homme, représenté par les endroits pierreux, reçoit la Parole, mais, dès qu'il survient une persécution, il renonce à sa foi.

Celui qui a reçu la Parole parmi les épines y renonce, pressé par les séductions de ce siècle, dont la richesse. Les soucis, de même, étouffent la foi.

La bonne terre qui porte des fruits désigne celui qui entend la Parole et la comprend. Le fruit qu'il porte est en proportion de la compréhension de chacun.

Cette parabole explique l'insuccès de l'Evangile qu'on constate au milieu des hommes. On parle d'insuccès lorsque les soi-disant croyants ne reflètent point l'image de Christ.

Paul nous propose une méthode de tester la foi : » Examinez-vous vous-mêmes pour savoir si vous êtes dans la foi ; éprouvez-vous vous-mêmes. Ne reconnaissez-vous pas que Jésus-Christ est en vous ? à moins peut-être que vous ne soyez désapprouvés. (2Corinthiens 13 :5)

Ludus, le 22 juin 2023 Charles Székely

Le Nom de Dieu

Dieu dit à Moïse : Je suis celui qui suis. Et il ajouta : C'est ainsi que tu répondras aux enfants d'Israël : Celui qui s'appelle « Je suis » m'a envoyé vers vous. (Exode 3 :14)

Je suis l'alpha et l'oméga, dit le Seigneur Dieu, celui qui est, qui était, et qui vient, le Tout-Puissant. (Apocalypse 1 :8)

Il y a un seul Seigneur, une seule foi, un seul baptême, un seul Dieu et Père de tous, qui est au-dessus de tous, et parmi tous et en tous. (Ephésiens 4 :5,6)

Car comme le Père a la vie en lui-même, ainsi il a donné au Fils d 'avoir la vie en lui-même. (Jean 5 :26)

D'ailleurs puisque nos pères selon la chair nous ont châtiés et que nous les avons respectés, ne devons-nous pas à bien plus forte raison nous soumettre au Père des esprits, pour avoir la vie ? (Hébreux 12 :9)

D'habitude, le nom renvoie à un trait caractéristique de la personne qui le porte. On peut dire donc que le nom caractérise l'homme.

Dans le pays de Madian, où Moïse gardait les moutons de son beau-père, Jéthro, l'ange de l'Eternel lui apparut dans une flamme de feu, au milieu d'un buisson. Bien qu'il fût en feu, le buisson ne se consumait pas. Près du buisson, l'Eternel

entretint une conversation avec Moïse, pendant laquelle Il lui confia la tâche de faire sortir le peuple élu du pays d'Egypte.

Moïse tint à apprendre le nom de Dieu. L'Eternel dit à Moïse : « Je suis celui qui suis. Et il ajouta : c'est ainsi que tu répondras aux enfants d'Israël : Celui qui s'appelle « Je suis » m'a envoyé vers vous. »

Cette phrase attribue l'apanage de l'existence à Dieu C'est lui qui existe dans toutes ces créatures vivantes. Les créatures n'existent pas par elles-mêmes, elles existent en Dieu, qui leur fournit la vie, le mouvement et l'être. (Actes 17 :28)

Ā l'usage des israélites, Dieu lance le nom de « Yahweh » ayant le sens de « Je suis ». Cela veut dire « c'est moi qui suis en vous » On peut encore y ajouter :la vie ne vous appartient pas en propre.

Le titre de la Divinité paraît dans Apocalypse 1 :8. Pas une autre personne ne peut s'attribuer cette dignité. Dieu est l'alpha et l'oméga, le premier et le dernier, celui qui est, qui était et qui vient pour juger, le Tout-Puissant. Il est une présence incessante depuis le commencement jusqu'à la fin. Son éternité est doublée de Toute-Puissance. S'il est la première et la dernière lettre de l'alphabet, il laisse aussi son empreinte sur toutes les lettres.

Sa présence en tous a été aussi remarquée par Paul, l'apôtre. Afin qu'on puisse bien distinguer le Dieu vivant, Paul instruit ainsi : il y a un seul Dieu et Père de tous, qui est au-dessus de

tous, et parmi tous et en tous. Chaque créature porte en soi le Créateur, par l'esprit qu'elle en tient. Mais par ce fait, la créature n'est toujours point adorable. Il faut adorer Celui qui est au-dessus de tous. Dieu est en moi, mais il m'est quand-même supérieur.

Le statut de Christ est à part parmi tous ceux qui sont nés de femmes. Le Père lui a donné d'avoir la vie en lui-même, c'est-à-dire, d'être Dieu. Le Père, le Fils et le Saint-Esprit forment la Sainte Trinité.

La Sainte Ecriture rend compte d'une rébellion qui a eu lieu dans les Cieux. (Apocalypse 12 :3,4) Le tiers des anges se révoltèrent contre Dieu. Cela a été prévu dans les plans du Seigneur, parce qu'il voulait tester toutes ses créatures au contact du Malin.

Les épreuves que les hommes doivent passer envisagent la fidélité envers Dieu et envers sa Parole. Pour lui rester fidèle, le croyant doit endurer des privations, des souffrances et des tribulations, sans rouspéter.

Ces choses paraissent, dans le dernier verset, comme des châtiments que le Père applique à ses enfants en Christ. Même Jésus est entré dans sa gloire après avoir enduré les souffrances de la croix.

Ludus, le 20 juin 2023 Charles Székely

Lévi dans les reins d'Abraham

Passage de base

Considérez combien est grand celui auquel le patriarche Abraham donna la dîme du butin. Ceux des fils de Lévi qui exercent le sacerdoce ont, d'après la loi, l'ordre de lever la dîme sur le peuple, c'est-à-dire sur leurs frères, qui cependant sont issus des reins d'Abraham ; et lui qui ne tirait pas d'eux son origine, il leva la dîme sur Abraham, et il bénit celui qui avait les promesses. Or, c'est sans contredit l'inférieur qui est béni par le supérieur. Et ici ceux qui perçoivent la dîme sont des hommes mortels ; mais là c'est celui dont il est attesté qu' il est vivant. De plus, Lévi qui perçoit la dîme, l'a payé pour ainsi dire, par Abraham, car il était encore dans les reins de son père, lorsque Melchisédek alla au-devant d'Abraham. (Hébreux 7 :4-10)

Abraham, père de la foi en L'Eternel, infligea une défaite aux rois et revint sur ses pas. Melchisédek, roi de Salem le rencontrant, le bénit et en reçut la dîme du butin.

L'auteur précise que, de règle, le supérieur bénit l'inférieur. Melchisédek était donc supérieur à Abraham. Ce Melchisédek avait tous les attributs de la Divinité. Il était roi de justice et roi de paix. Il n'avait ni parents ni début ni fin de son existence. On peut présumer sans défaillir qu'il était une

apparition angélique de la Parole créatrice. Sans aucun doute, Abraham a-t-il vu le Seigneur Jésus et il s'en réjouit. (Jean 8 :56)

Quant à son arrière-petit-fils, Lévi, il était dans les reins d'Abraham, payant la dîme avec lui à Melchisédek. Comment cela était-il possible ?

Dans la parabole de l'ivraie, le Seigneur parle de semences spirituelles de blé et d'ivraie qui ont été jetées dans le camp afin d'y germiner et devenir fils du Royaume ou bien fils du Malin. (Matthieu 13 :24 :43) Lévi, comme semence spirituelle de blé parut tout d'abord dans les reins d'Adam, à la fin il parut dans les reins de Jacob, son père. Ā un moment donné, toute l'humanité se trouvait dans les cuisses d'Adam, Terre Rouge, y gisant sous formes de semences spirituelles.

Portées par les hommes au long des siècles, les semences spirituelles arrivent à leur tour aux femmes où elles se vêtent en chair et naissent comme hommes.

En voilà un dogme, parfaitement biblique, qui prouve que les hommes vivent, comme semences spirituelles, avant leur naissance en chair.

Ludus, le 26 juin 2023 Charles Székely

Marcher par la foi et marcher par la vue

Versets de base

Lorsque Abram fut âgé de quatre-vingt-dix-neuf ans, l'Eternel apparut à Abram, et lui dit : Je suis le Dieu Tout-Puissant. Marche devant ma face, et sois intègre. (Genèse 17 :1)

C'est pourquoi nous ne perdons pas courage. Et même si notre homme extérieur se détruit, notre homme intérieur se renouvelle de jour en jour. Car nos légères afflictions du moment présent produisent pour nous, au-delà de toute mesure, un poids éternel de gloire, parce que nous regardons non point aux choses visibles, mais à celles qui sont invisibles car les choser visibles sont passagères, et les invisibles sont éternelles. (2corinthiens 4 :16-18)

Car tandis que nous sommes dans cette tente, nous gémissons, accablés, parce que nous voulons, non pas nous dépouiller, mais nous revêtir, afin que ce qui est mortel soit englouti par la vie. Et celui qui nous a formés pour cela, c 'est Dieu qui nous a donné les arrhes de l'Esprit. Nous sommes donc toujours pleins de confiance et nous savons qu'en demeurant dans ce corps, nous demeurons loin du Seigneur - car nous marchons par la foi et non par la vue- nous sommes pleins de confiance et aimons mieux quitter ce corps et demeurer auprès du Seigneur. (2 Corinthiens 5 :4-8)

Selon Paul, Dieu a créé deux mondes, un monde visible ici-bas et un monde invisible dans les Cieux. (Colossiens 1 :15-17) Celui-ci est peuplé d'esprits, celui-là est peuplé d'hommes. On marche dans ce monde par l'intermédiaire des yeux charnels, et l'on marche dans le monde des esprits par l'intermédiaire des yeux de l'intelligence. Ceux-ci s'ouvrent lorsqu'on accepte comme vrai le message des Saintes Ecritures, qui présente le monde des esprits : le Père qui est Esprit, la Parole qui est Esprit, les anges qui sont des esprits et Satan qui est esprit.

Les yeux de l'intelligence qui s'ouvrent au contact de la Parole de Dieu portent aussi le nom d'yeux spirituels. Ces yeux, aveugles à cause du péché, guérissent lorsque Dieu se révèle à l'homme par sa Parole, par une vision ou par une prophétie.

Abram, le père des croyants, eu part à une vision et à une Parole. L'Eternel se présenta en ces termes :» Je suis le Dieu Tout-Puissant, marche devant ma face et sois intègre. » On sait que le Tout-Puissant est aussi omniprésent. (Jérémie 23 :24) Pas un homme ne peut se cacher sans être vu de Lui. Ce sachant, Abraham parlait et agissait comme devant la face de Dieu. Il marchait par la foi, c'est-à-dire, il voyait l'Invisible par la foi.

La marche par la foi suppose le dialogue avec Dieu, lui obéir et s'opposer à Satan. (Jacques 4 :7) Les suggestions, les pensées, et les instructions conformes à l'Evangile viennent de Dieu, celles qui contrastent avec les Ecritures viennent de Satan.

Celui qui met sa confiance dans les Ecritures, découvre le monde invisible et s'y oriente. Ce monde-là est représenté par notre homme intérieur. L'homme se compose d'esprit, d'âme et de corps. (1Thessaloniciens 5 :23) L'esprit relit l'homme à Dieu, tandis que l'âme le relit à ce monde périssable. L'esprit et l'âme forment l'homme intérieur, le corps forme l'homme extérieur. Celui qui a les yeux spirituels ouverts fait la distinction entre l'homme intérieur et l'homme extérieur.

L'apôtre Paul s'y connaissait à merveille. Ses adversaires, qui pullulent de nos jours, sont des aveugles, tels les adversaires de Christ. Sur les pharisiens scandalisés de ses paroles, Jésus Christ a prononcé ce jugement :» Toute plante que n'a pas plantée mon Père céleste sera déracinée. Laissez-les : ce sont des aveugles qui conduisent des aveugles ; si un aveugle conduit un aveugle, ils tomberont tous deux dans une fosse. » (Matthieu 15 :13,14) C'est le sort des aveugles spirituels.

L'apôtre Paul met en contraste l'homme extérieur avec l'homme intérieur. L'homme extérieur se détruit, tandis que l'homme intérieur se renouvelle de jour en jour. Cela dépend de la nature de chacun d'eux. Les afflictions nuisent à l'homme matériel, mais elles affermissent l'homme spirituel. Les souffrances endurées par le croyant, afin de rester fidèle à Christ en obéissant à la Parole, lui procurent un poids éternel de gloire. C'est la part de celui qui regarde les choses éternelles, dont l'esprit humain. Le verbe « regarder » y signifie « donner la priorité ». Les gens qui ont les yeux spirituels ouverts donnent plus d'importance aux choses invisibles qu'aux choses visibles. Aussi les athées, manquant de lumière spirituelle, les nomment-ils fous.

Il est instructif d'envisager la manière dont présente Paul la mort biologique. C'est une séparation entre l'homme intérieur et l'homme extérieur. Pierre en pensait de même. (2Pierre 1 :13,14) Paul ne désirait pas se dépouiller de cette tente de chair, mais il voulait, conformément au projet divin, se revêtir de sa tente céleste, destinée à engloutit cette tente périssable.

En demeurant dans ce corps, le croyant demeure loin du Seigneur, dans un monde périssable. En quittant ce corps, il rencontre le Seigneur, dans le monde impérissable. C'est pourquoi il est toujours plein de confiance, la mort ne l'effraie point. En voilà une récompense pour ceux qui marchent par la foi.

Ludus, le 16 juin 2023 Charles Székely

Renfermés dans la désobéissance, dans l'attente de la miséricorde

Versets de base

Car Dieu a renfermé tous les hommes dans la désobéissance pour faire miséricorde à tous. (Romains 11 :32)

Or, nous savons que tout ce que dit la loi, elle le dit à ceux qui sont sous la loi, afin que toute bouche soit fermée, et que tout le monde soit reconnu coupable devant Dieu. (Romains 3 :19)

Car ainsi parle l'Eternel : C'est gratuitement que vous avez été vendus, et ce n'est pas à prix d'argent que vous serez rachetés. (Esaïe 52 :3)

Vous savez que, ce n'est pas par des choses périssables, par de l'argent ou de l'or, que vous avez été rachetés de la vaine manière de vivre que vous avez héritée de vos pères, mais par le sang précieux de Christ, comme d'un agneau sans défaut et sans tache. (1Pierre 1 :18,19)

Ainsi donc, comme par une seule offense, la condamnation a atteint tous les hommes, de même par un seul acte de justice la justification qui donne la vie s'étend à tous les hommes. Car, comme par la désobéissance d'un seul homme, beaucoup ont été rendus pécheurs, de même, par l'obéissance d'un seul, beaucoup seront rendus justes. (Romains 5 :18,19)

Cet état d'être renfermé dans la désobéissance et d'attendre la miséricorde de Dieu caractérise tous les hommes nés sur la Terre. Il s'y agit de la désobéissance envers Dieu, le péché que l'homme hérite d'Adam. Paul instruit que « le salaire du péché, c'est la mort ». (Romains 6 :23) Ce sachant, l'homme s'attend à la miséricorde de Dieu.

Cet état de condamné à mort où naissent tous les bébés est conforme au plan divin. Le péché adamique a été prévu dans le plan que le Tout-Puissant a conçu avant la fondation du monde. Il désirait offrir aux hommes une vie d'épreuve au cours de laquelle tous aient à choisir entre le bon Dieu et le Malin. Tombés tous entre les mains de Satan, une bonne partie des humains crient à la miséricorde divine. Dieu leur avait préparé d'avance un Sauveur dans la personne de Jésus-Christ.

Certains se proposent d'échapper à l'esclavage des Ténèbres par la voie de la Loi de Moïse. Paul les détrompe disant que la loi ne sert qu'à fermer les bouches au jour du jugement. Par la loi on accède à la connaissance du péché. Les pécheurs ont besoin de grâce.

Pour mieux comprendre les textes de l'Ecriture, tout expert doit tenir compte du fait que l'Auteur en est le Dieu Tout-Puissant qui avait projeté tous les événement sociaux et individuels de l'histoire avant la fondation du monde. La chute adamique figure dans ses plans, il y figure aussi le sacrifice et la résurrection de Jésus de Nazareth.

Le prophète Esaïe y fait allusion dans le cinquante-deuxième chapitre de son livre : C'est gratuitement que vous avez été vendus, et ce n'est pas à prix d'argent que vous serez rachetés.

Pierre précise le prix auquel Dieu a racheté toute l'humanité : le sang de l'Agneau céleste.

Adam et Ève offensèrent l'Éternel transgressant sa Parole. Il en découle la mort. Mais Jésus fut obéissant jusqu'à la mort et encore mort par la croix. Si de la désobéissance d'Adam il résulte la mort, de l'obéissance de Jésus il résulte la vie. (Romains 6 :23)

Ludus, le 26 juin 2023   Charles Székely

Réponses à des questions qui constituent des opprobres à l'adresse de Dieu

Passages de base

Mais l'Esprit dit expressément que dans les derniers temps quelques-uns abandonneront la foi pour s'attacher à des esprits séducteurs et à des doctrines de démons, par l'hypocrisie de faux docteurs portant la marque de la flétrissure dans leur propre conscience. (2 Timothée 4 :1,2)

Sachez avant tout que dans les derniers jours, il viendra des moqueurs avec leurs railleries, et marchant selon leurs propres convoitises. Ils disent : Où est la promesse de son avènement ? Car depuis que les pères sont morts, tout demeure comme dès le commencement de la création. (2Pierre 3 :3,4)

Sache que, dans les derniers jours, il y aura des temps difficiles. Car les hommes seront égoïstes, amis de l'argent, fanfarons, hautains, blasphémateurs, rebelles à leurs parents, ingrats, irréligieux, insensibles, déloyaux, calomniateurs, intempérants, cruels, ennemis des gens de bien, traîtres, emportés, enflés d'orgueil, aimant les plaisirs plus que Dieu, ayant l'apparence de la piété, mais reniant ce qui en fait la force. Eloigne-toi de ces hommes-là. (2 Timothée 3 :1-5)

D'après ces trois passages, mis en vue, il s'impose l'idée que l'écoulement du temps contribue à corrompre les moeurs, autant dans l'assemblé visible que dans la société humaine. La cause en est l'activité augmentant des esprits impurs et le pullulement des gens nés de semences d'ivraie.

En ce qui concerne l'assemblée visible, les « chrétiens » qui n'ont jamais cru à la résurrection des morts abandonnent la voie de Christ et s'attachent à des doctrinent de démons. Ils s'élèvent contre la doctrine de la Sainte Trinité et présentent un Christ qui n'a ni Père, ni Saint Esprit. Selon ces faux docteurs, le Père et l'Esprit ne seraient que les avatars de Christ. Ils sont aveugles aux scènes où le Fils prie le Père, comme celle du jardin de Gethsémané. (Matthieu 26 :36-39)

Pierre avertit que, dans les derniers temps, certains auront l'audace de contester les promesses de Dieu. Ces contestations accusent l'Eternel de mensonge. Ils contestent de préférence l'avènement de Christ, annoncé en ces termes : » Et lorsque je m'en serai allé, et que je vous aurai préparé une place, je reviendrai et je vous prendrai avec moi, afin que là où je suis vous y soyez aussi. » (Jean 14 ;3)

S'adressant à Timothée, Paul prophétise au sujet de la corruption morale des derniers jours où les hommes seront, plus que jamais, hautains, blasphémateurs, irréligieux, calomniateurs, traîtres, aimant le plaisir plus que Dieu etc.

Enflés d'orgueil dans leur manque de connaissance divine, les gens reprochent à Dieu tous les maux qu'on rencontre sur la Terre : le meurtre, la prostitution, l'injustice, la corruption, les guerres, les maladies, les souffrances et la mort. Or, tout cela se doit au péché adamique par lequel la connaissance de Satan a pénétré comme un déluge dans la société humaine. Les meurtriers, les prostitués, les hommes de guerre, les injustes, les gens rongés de maladie et les décédés portent le masque de Satan.

La promiscuité et la cruauté ont leur source en Satan. Il est à la mode de nos jours, que les gens aient des animaux de compagnie. L'un de ces soirs, j'ai vu un réclame horrible au net, sur le Facebook. Une belle jeune femme, couchée sur le dos, changea, tout en souriant, des baisers avec un chien marron. Il y a cent ans, elle en aurait fini à la prison.

Aux yeux de certains de nos contemporains, leurs semblables n'ont aucune grâce. Le meurtre les anime, ils sont des meurtriers innés. Ils sont comparables à des fauves. La faute en est-il à Dieu ? La faute en est à l'esprit de Satan qui leur donne la volonté et le faire.

Le prophète Esaïe réalise une image sur le règne de paix de mille ans sur la Terre. « Le loup habitera avec l'agneau, et la panthère se couchera avec le chevreau...La vache et l'ourse auront un même pâturage, leurs petits un même gîte, et le lion comme le boeuf mangera de la paille. Le nourrisson s'ébattra sur l'antre de la vipère, et l'enfant sevré mettra sa

main dans la caverne du basilic. Il ne se fera ni tort ni dommage sur toute ma montagne sainte, car la terre sera remplie de la connaissance de l'Eternel, comme le fond de la mer par les eaux qui le couvrent. » (Esaïe 11 :6-9)

Quel effet merveilleux que celui que la connaissance de Dieu exerce sur les créatures! Pas de malveillance, pas de cruauté! Il n'y a que bienveillance et amitié.

Tandis que, de nos jours, il y a de l'hostilité, du versement de sang, de la fraude. C'est dans ces choses que se concrétise la connaissance de Satan. Pourquoi les attribue-t-on à Dieu ?

Ludus, le 23 juin 2023 Charles Székely

Une chose cachée depuis la création du monde

Versets de base

J'ouvrirai ma bouche en paraboles, je publierai des choses cachées depuis la création du monde. (Matthieu 13 :35)

Il leur proposa une autre parabole, et il dit : Le Royaume des Cieux est semblable à un homme qui a semé une bonne semence dans son champ. Mais pendant que les gens dormaient, son ennemi vint, sema de l'ivraie parmi le blé, et s'en alla.

Ses disciples s'approchèrent de lui, et dirent : Explique-nous la parabole de l'ivraie du champ. Il répondit : Celui qui sème la bonne semence, c'est le Fils de l'Homme ; le champ, c'est le monde ; la bonne semence, ce sont les fils du Royaume ; l'ivraie, ce sont les fils du Malin ; l'ennemi qui l'a semée, c'est le diable ; la moisson, c'est la fin du monde ; les moissonneurs, ce sont les anges. (Matthieu 13 :36-39)

Le chapitre treize de l'Evangile selon Matthieu comprend sept paraboles présentées par le Seigneur Jésus sur le Royaume de Dieu. La seconde traitant de l'ivraie du camp s'étend du verset 24 jusqu'au verset 43. La clé d'un commentaire valable s'en trouve dans le verset 35.

Ce verset suggère qu'il s'y agit d'une chose cachée depuis la création du monde. Mais les commentateurs, d'un commun accord, traitent ce récit comme si l'action s'en était passée après l'incarnation de la Parole, mentionnée en Jean 1 :14. Le fondement de cette erreur est le titre de Fils de l'homme que la Parole éternelle s'applique ici-bas. A la création du monde il n'était point homme. Or, on a affaire à une narration qui rend des actions tenues secrètes depuis la création du monde. Ce qui motive le titre ci-dessus du Seigneur, c'est ce qui est écrit dans le livre des Hébreux : » Jésus-Christ est le même hier, aujourd'hui et éternellement. (Hébreux 13 :8) Incarné ou non-incarné, il est le même. Chez Dieu, il n'y a ni changement ni ombre de variation. (Jacques 1 :17)

On doit donc rapporter tous les éléments de ce récit symbolique à l'époque de la création du monde. Le Fils de l'homme qui sème la bonne semence, c'est la Parole créatrice. Le champ, c'est le monde. Lorsque Jean annonce que Dieu a tant aimé le monde qu'il a donné son Fils unique, afin que quiconque croit à lui ne périsse point, mais qu'il ait la vie éternelle, il a eu en vue l'humanité. (Jean3 :16) Bibliquement parlant, le monde, c'est l'humanité. Cette humanité, à l'époque de la création, ce fut Adam, terre rouge. Par conséquent, le champ, c'est la chair d'Adam, qui reçut la bonne semence.

Tandis que la bonne semence, ce sont les Fils du Royaume céleste, la mauvaise semence, ce sont les fils du Malin. Celle-ci a été semée par le Diable. Toute l'humanité, enfants de Dieu et enfants du Diable, a été semée dans les cuisses d'Adam. Par exemple, lorsque Abraham a donné la dîme à Melchisédek, son arrière- petit-fils, Lévi, se trouvait dans ses reins.

Le corps d'Adam, où l'on est né tous, est un champ semé, d'une part, de blé, et d'autre part, d'ivraie. Caïn était du Malin, dans son esprit hérité du Diable. (1Jean 3 :12) Il est né d'une semence d'ivraie dans la chair adamique. D'autre côté, son frère, Abel est né d'une semence spirituelle de blé, parce que le Seigneur le nomme juste. (Matthieu 23 :13-36)

Même parmi les disciples se trouva un fils du Malin. C'est le Seigneur qui en rend compte : » N'est-ce pas moi qui vous ai choisis, vous les douze ? Et l'un de vous est un démon. » Judas Iscariot, prédestiné à trahir, porte aussi le nom, de fils de perdition. (Jean17 :12) Les lamentation à son compte sont du temps perdu.

Tout le monde hérite du péché originaire. Tous ceux qui sont nés de semences de blé agréent l'Evangile et viennent à Jésus. Ceux qui sont nés de semences d'ivraie haïssent Christ sans cause et le refusent comme Sauveur. C'est pourquoi les fils du Malin sont prédestinés à la mort, et les fils du Royaume sont prédestinés à la vie.

Au temps de la moisson, l'ivraie est arrachée et jetée dans le feu. Tandis que le blé est mis dans le grenier de l'éternité.

C'est un grand secret que le Seigneur dévoile concernant la création de l'homme. Il enseigne encore que la vérité rend libre. (Jean 8 :32,33) Par contre, le mensonge asservit. Et le père du mensonge, c'est Satan. En acceptant des mensonges sataniques, les gens deviennent esclaves de Satan.

Dans ce monde coexistent ainsi les fils du Royaume et les fils des Ténèbres. Ceux-ci accomplissent la volonté de Satan et l'on ne peut pas les arracher des bras de leur père. On peut s'attendre de leur part à des attitudes qui défient le bon sens. Pendant les tribulations qui viennent, ils rendront preuve des plus horribles gestes possible.

Pendant les persécutions qui frappent à la porte, les fils du Royaume se découvrent et s'aident. Christ recommande aux siens : » Ne craignez pas ceux qui tuent le corps et qui ne peuvent pas tuer l'âme, craignez plutôt celui qui peut faire périr l'âme et le corps dans la géhenne. La crainte de Dieu chasse la crainte des hommes. C'est nos réactions qui comptent devant Dieu, quand nous passons par des épreuves.

Ludus, le 22 juin 2023 Charles Székely

Bibliographie sélective

1.La Bible, traduction Louis Second, Nouvelle Edition de Genève, 1979

2.Székely, Charles ; Miel coulant des rayons, Oasis, Sables d'Olonne, 2010

3.Székely, Charles ; Synthèse des quatre Evangiles, Croix du Salut, Sarrebruck, 2015

4.Székely, Charles ; Le but suprême de Dieu, Édilivre à Paris, 2015

5.Székely, Charles ; Défense de la Voie de Christ, Éditions Européennes, Strasbourg, 2018

Printed by Books on Demand GmbH, Norderstedt / Germany